JN492906

마음결 이야기

아웅이는 약속이 어려워요

유현실 · 구치헌 · 이한별 · 조준영

박영story

이 책을 쓴 사람들

유현실 교수

대학에서 상담자 교육을 하며, 실용적인 상담도구를 만드는 일에 관심이 많은 상담학과 교수입니다.

구치헌

사람의 마음을 공부하는 구치헌입니다. 마음결 이야기를 통해 서로에게 소중한 부모자녀 관계가 더욱 소중해지기를 바랍니다.

조준영

아동청소년에 관심이 많은 재기발랄한 상담자 조준영입니다. 마음결 이야기책이 자녀와의 관계에 도움이 되기를 바랍니다.

이한별

마음을 닮은 그림을 그리는 이한별입니다. 저희의 이야기가 서로의 마음결을 더 부드럽게 이어주는 다리가 되었으면 좋겠습니다.

마음결 이야기책을 열면서

부모와 주고받는 대화를 통해 아이는 마음속 작은 우주를 만들어갑니다. 특히, 3~5살 무렵의 아이들은 언어능력이 빠르게 발달하면서 자신의 생각과 감정을 표현하고 싶어합니다. 하지만, 아직 정확한 낱말을 고르는 데 서툴고, 복잡한 감정을 다루는 데 어려움을 겪기도 합니다. 이 시기 아이가 부모와 나누는 긍정적인 대화 경험은 아이가 이후 성인으로 커가는 과정에서 자신의 감정을 다루고 사회적 관계를 만들어가는 데 중요한 토대가 됩니다.

마음결 이야기책은 단국대학교 상담학과 졸업생 세 명과 상담학과 교수가 함께 제작한 책입니다. 저희는 부모님과 어린 자녀가 긍정적인 대화를 나눌 수 있도록 일상에서 흔히 경험하는 소재로 동화를 만들었습니다. 이 책에 소개된 동화를 함께 읽고 이야기를 나누는 경험을 통해 부모님과 자녀의 마음결이 한층 보드랍게 성장하기를 바랍니다.

2025년 5월 저자 일동 드림

약속은 이상해요.
지키고 지켜도
끊임없이 나오기 때문이에요.

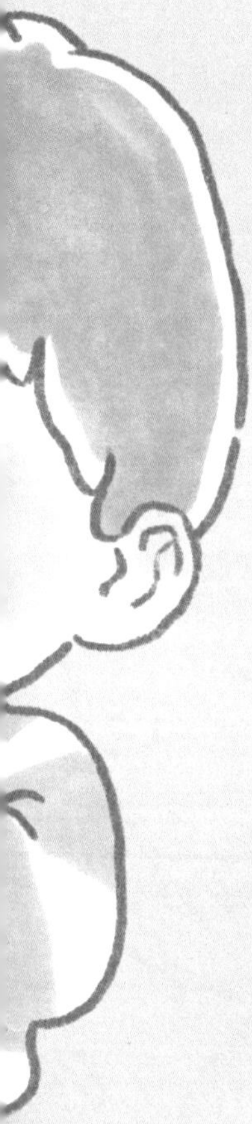

약속이란 정말
어떤 것일까요?

오늘은 엄마랑 약속을 했어요!

스티커를 다 모으면
제가 원하는 장난감을 하나 사주시기로 했어요.

"스티커 판을 다 채우면 원하는 장난감을 사줄게!"

"야호! 빨리 모아야지!"

엄마랑 한 약속을 열심히 지키고 있어요.

"바로 손을 닦아야 해!"

"옷은 가지런하게 놓기!"

집에 와서는 열심히 손을 닦고,
옷은 벗어서 가지런하게 놓았어요.

약속을 지킬 때마다
엄마는 제 스티커판에 스티커를 붙여주세요.

"아웅아 잘했어, 스티커 붙여줄게!"

"감사합니다. 벌써 하나 채웠다!

스티커

물론 약속을 지키는 것이 쉬운 언제나 일만은 아니었어요.

"아웅아, 입었던 옷은 잘 정리해 뒀니?"

"지, 지금 하려고 했어요~"

아! 맞다! 옷을 정리했어야 하지...

열심히 노력해서 스티커를 다 채우게 되었어요!

"엄마 다 채웠어요! 이제 장난감 사 주실 거죠?"

"그럼~ 열심히 약속을 지켜줬으니까
당연히 사 주지! 주말에 사러 가자!"

칭찬 스티커

새로운 장난감을 살 수 있다니 너무 행복해요.
어떤 걸 고를지 생각해야 할 시간이에요.

주말에 컴퓨터 장난감을 사야겠어요!

살 장난감도 다 정했으니
이제 마음 편히 쉬고 싶어요.

그리고 주말이 되었어요.

"엄마! 이제 장난감을 사러 가요~!"

"아웅아, 오늘은 사러 가지 않을 거야."

"왜요? 전 스티커를 다 모았는 걸요?"

"스티커를 다 모으고 난 뒤
아웅이의 행동을
잘 생각해봤으면 좋겠어!"

나의 행동?

무엇이 잘못됐다는 걸까?

나는 엄마와의 약속을 잘 지켰는데...

약속이 뭐 이래!
엄마는

약속은 너무 어려워.
대로야!!

부모님 활용 가이드

아웅이 이야기는 무엇을 담고 있나요?

아웅이 이야기는 부모님과의 사소한 약속에서 시작된 갈등 상황을 다루고 있습니다. 그리고 부모와 자녀 간에 어떻게 약속을 하는 것이 좋을지에 대한 이야기를 담고 있습니다. 장난감을 잘 정리하면 새로운 장난감을 사준다고 부모님이 약속하니까 아웅이는 장난감을 열심히 정리합니다. 그런데, 막상 약속으로 장난감을 얻게 되니, 아웅이는 더 이상 장난감을 정리하지 않습니다. 장난감을 사주기 전까지는 부모님과의 약속을 잘 지키는 모습을 보였지만, 약속의 목적을 다 이루고 난 후 아웅이는 더 이상 부모님이 원하는 바람직한 행동을 지속하지 않습니다. 어머니 또한 이미 아웅이에게 장난감을 사줬는데 아웅이가 더는 어머니가 원하는 행동을 하지 않자 아웅이를 나무랍니다. 둘 사이에는 갈등이 생깁니다.

먼저 약속에 대한 명확한 정의를 알 필요가 있습니다. 약속이란 '다른 사람과 앞으로의 일을 어떻게 할 것인가를 정하는 것'으로 사전은 정의하고 있습니다. 통상적으로 우리는 약속을 할 때 새끼손가락을 거는 것으로 약속을 표현하기도 하죠. "새끼손에 걸고 약속!"이라고 말하면서요. 하지만 약속은 쉽게 깨지기도 합니다. 약속은 강제성을 띄고 있지 않기 때문이죠. 그래도 약속은 관계 안에서 이루어지는 것이기에 잘 지키는 것이 중요하죠.

그렇다면 아동기 자녀에게 '약속 지키기'는 왜 중요할까요? 약속 지키기를 통해 아이들은 타인의 권리를 존중하는 법을 매우 효과적으로 배울 수 있습니다. 아동기의 자녀는 타인의 마음을 이해하는 능력이 아직 충분히 발달하지 않았기 때문에, 약속을 지키지 않는 것이 관계에 어떤 영향을 미치고 타인을 불쾌하게 할 수 있다는 것을 잘 인지하지 못합니다. 자녀가 긍정적인 또래 관계와 더불어 올바른 사회구성원으로 성장하기 위해서는, 먼저 가정 안에서 부모와 자녀 간에 약속을 지켜나감으로써 자녀가 타인과의 약속을 중요하게 여길 수 있도록 지도하는 것이 필요합니다.

약속은 어디에나 존재한다는 사실 알고 계시나요? 부모님과 구체적으로 정한 약속이 아니더라도 아이 또한 횡단보도 건너기, 유치원 등원 시간, 일어나야 하는 시간, 잠들어야 하는 시간 등 일상생활에서 크고 작은 약속들 속에서 살아갑니다. 사람들이 큰 갈등 없이 보다 편안하게 살아갈 수 있도록 사회는 수많은 약속들을 정합니다. 때문에, 자녀들도 이러한 사회와의 약속들을 자연스럽게 학습하는 것이 필요합니다.

■ 자녀와 약속할 때 부모님들께서는 어떤 점들을 유의해야 할까요?

첫째, 긍정적인 행동을 이끄는 방향으로 약속을 정하세요. 종종 부모님들께서 하시는 실수 중 하나는 부정적인 행동을 하지 않으면 보상을 주겠다고 약속하시는 경우입니다. 예를 들어, '스마트폰을 사용하지 않으면 OO을 해주겠다'는 약속에서 '스마트폰을 사용하지 않기'는 부정적인 행동을 멈추는 경우를 약속이행으로 정하는 방식입니다. 이러한 방식은 스마트폰 멈춤에 대한 대안적인 행동이 불분명하기 때문에,

아이가 스마트폰을 사용하지 않는다고 해서 부모가 원하는 긍정적인 행동(예: 동화책 읽기)으로 이어지지 않는 경우가 많습니다. 따라서, 부정적 행동에 초점을 두기보다는 부모님께서 바라시는 긍정적인 행동에 초점을 두는 것이 효과적입니다.

활용 예시

"밥 먹을 때 돌아다니지 않으면, 네가 원하는 OO해줄게." 대신에 "밥을 30분 안에 먹으면, 네가 원하는 OO해줄게"와 같이 긍정적인 행동으로 약속을 정하는 것이 좋습니다.

둘째, 아이에게 바람직한 행동의 모델이 되어 주세요. 부모는 아이가 모델링하는 존재입니다. 부모가 약속을 어떻게 여기고 이행하는지를 아이들은 보고 배웁니다. 부모님 스스로도 혹시 자신이 약속을 너무 가볍게 여기는 습관은 없는지, 수시로 약속을 바꾸지는 않는지 되돌아보는 시간이 필요합니다. 부모님이 자녀의 문제행동의 발원지가 될 수 있습니다.

부모와 자녀가 서로 지키기 위해 노력해야 하는 상호 간의 약속을 만들어 지켜보시기 바랍니다. 부모와 자녀가 함께 지켜야 할 약속을 정하고, 부모님도 자녀와 정한 약속을 지키려고 노력하는 모습을 자녀가 바라보면서, 자녀 또한 약속의 중요성을 직간접적으로 배우게 됩니다. 자녀와 함께 가정 규칙을 만들어보고 이를 이행하도록 부모와 자녀가 서로를 격려하는 것은 어떨까요?

활용 예시

아빠가 먼저 저녁 식사 전에 스쿼트 50번 하기 약속 이행하기, 자녀는 잠들기 전에 양치질 스스로 하기 약속 이행하기.

셋째, 약속을 지키지 않을 경우 당초 약속했던 기준을 단호하게 적용하세요. 상당히 많은 부모님들이 마음이 약해져서 자녀가 약속을 지키지 않았는데도 보상을 주기도 하죠. 이는 결과적으로 자녀에게 약속의 엄중함을 깨닫지 못하게 할 뿐만 아니라 부모와의 신뢰에도 부정적인 영향을 가져다줄 수 있습니다. 약속에 대해 명확하고 일관된 태도를 가지는 것은 딱딱하고 엄하게 자녀를 대하라는 의미는 아닙니다. 단호함은 약속을 대하는 부모의 일관성을 의미합니다. 약속을 지켰을 때는 보상을 주는 것, 약속을 지키지 않았을 때는 보상을 주지 않는 것으로 단호함을 유지하셔야 합니다. 약속이 언뜻 보면 자녀와의 줄다리기처럼 보일 수 있어요. 단호함은 일관된 태도로 아이에게 규칙을 알려주는 과정이기 때문에, 따뜻한 설명과 이해를 함께 제공한다면 아이는 자연스럽게 책임감을 배우고 약속의 중요성을 깨닫게 될 거예요.

활용 예시

(엄마와 5살 아이가 '놀고 난 후 장난감을 정리하기로' 약속했지만, 아이가 정리를 하지 않고 그냥 TV를 보려고 한다.)

엄마: 엄마랑 뭐라고 약속했지?

자녀: (고민하다가) 어.. 장난감 치우고 TV 보기!

엄마: 맞아! 그런데 지금 장난감을 안 치우고 있네. 약속은 꼭 지켜야 해. 정리하면 TV 볼 수 있어.(리모컨을 가져온다)

자녀: 나중에 하면 안 돼?

엄마: 나중에가 아니야. 약속을 안 지키면 TV도 못 봐. 정리하고 나서 보자.

자녀: 엄마! 미워..!(투덜거리지만 결국 장난감을 정리함)

엄마: 우와! 정리 잘했네. 약속을 지켜줘서 고마워! 이제 TV 볼 수 있어.

■ 자녀와 약속하기 실전 연습

자녀와 보다 효과적으로 약속하시는 데 도움을 드리기 위해 다음의 몇 가지 예시를 추가로 보여드립니다. 그대로 따라하시기보다는 방법을 익히신 후에 각자의 스타일로 실제 약속 상황에 적용해보세요.

상황1

(자녀가 유치원(학교)에서 돌아온 후 바로 방으로 들어가려고 함)

엄마: OOO아! 집에 들어오면 더러운 손으로 그냥 방에 들어가지 말라고 했지?

자녀: (엄마의 말을 무시한 채 방으로 들어가서 장난감을 꺼냄)

엄마: (목소리 톤이 높아지며) 엄마가 한 말 못 들었어? 더러운 손으로 장난감 만지지 않겠다고 약속했잖아!

* 이렇게 바꿔 보세요.

엄마: OOO아! 집에 들어오면 먼저 손 씻고 장난감 만지기로 했지? 엄마랑 약속한 거 기억나지? 손 씻고 나면 엄마가 바로 맛있는 간식 줄게.

(긍정적인 행동에 초점을 맞춰 약속하기)

상황2

(식사시간이 되었지만, 장난감을 가지고 노는 것을 멈추지 못하는 자녀)

아빠: ○○○아, 지금 밥 먹는 시간이야! 밥 먹어야지.

자녀: (장난감에 시선을 고정하며, 아무 말이 없음)

아빠: (음식을 가져와서 입에 넣어주며) 밥은 원래 식탁에 앉아서 먹는 거야. 여기서 먹을 거야?

* 이렇게 바꿔 보세요.

아빠: (식탁에 앉아서) ○○○아. 지금은 밥 먹는 시간이야! 엄마, 아빠도 앉아서 ○○○이 기다리고 있는 거야. 식사는 식탁에 앉아서 하는 거예요. 엄마랑 아빠는 ○○○이 기다릴게. (명확한 상황 알려주기 + 부모가 아이 거울 되기)

상황3

(친구들과 놀이터에서 놀다가 '5시까지 집에 가기로' 약속했지만 더 놀고 싶어함)

아빠: ○○○아. 이제 집에 돌아갈 시간이야!

자녀: (듣는 둥 마는 둥 친구들과 더 놀고 있다.)

아빠: 어! 아빠랑 5시까지 놀고 들어가기로 약속했는데! 아빠 먼저 집에 간다! ○○○이는 여기 있어.

* 이렇게 바꿔 보세요.

아빠: 우리가 5시까지 집에 가기로 약속했잖아. 약속을 안 지키면 다음에도 늦게 가고

싫어질 거야. 오늘은 꼭 지키자! 다음에는 아빠랑 더 재미있게 놀자! 약속 지켜줘서 고마워! (긍정적인 경험을 약속하며 동기 부여 + 자녀에 감정에 공감 + 일관된 태도)

약속 지키기 능력은 자녀의 향후 자기관리와 대인관계 모두에 상당한 영향을 줄 수 있습니다. 또한, 어린 자녀들은 아직 자율적으로 스스로를 관리하는 능력이 발달하지 않았기 때문에 부모님의 적절한 지도가 반드시 필요합니다. 아이가 약속을 버거워하지 않고 합리적으로 이행할 수 있도록 자녀와 부모님이 약속을 '함께' 만들고, '함께' 실천하기를 추천합니다.

또한, 약속을 지키지 않았을 때 나타나는 결과에 책임을 스스로 질 수 있도록 하여 자신의 선택에 대한 책임감을 기를 수 있도록 도와주세요. 약속을 성공적으로 지켰을 때는 적절한 격려와 칭찬으로 자녀 스스로가 자신감을 느낄 수 있도록 하는 것도 잊지 마시기 바랍니다. 다음 페이지의 자기 점검 질문을 활용하여 자녀와 함께 약속을 잘 실천하고 있는지 점검해보시기 바랍니다.

*** 자기 점검 질문**

1. 약속은 자녀가 실천하기 쉬운가요?

2. 약속을 실천한 후에 보상이 주어지는 시점이 너무 멀지는 않나요?

3. 약속을 달성하기까지 너무 오랜 시간이 걸리나요?

4. 약속을 잘 지켰을 때 분명하게 칭찬 및 격려를 해주셨나요?

5. 약속을 지키지 않았는데 보상을 주시지는 않았나요?

마음결 이야기
아웅이는 약속이 어려워요

초판발행 2025년 6월 10일

지은이 유현실·구치헌·이한별·조준영
펴낸이 노 현

편 집 소다인
기획/마케팅 이선경
표지디자인 BEN STORY
제 작 고철민·김원표

펴낸곳 ㈜피와이메이트
서울특별시 금천구 가산디지털2로 53, 210호(가산동, 한라시그마밸리)
등록 2014.2.12. 제2018-000080호
전 화 02)733-6771
f a x 02)736-4818
e-mail pys@pybook.co.kr
homepage www.pybook.co.kr
ISBN 979-11-7279-136-0 03370

copyright©유현실·구치헌·이한별·조준영, 2025, Printed in Korea

* 파본은 구입하신 곳에서 교환해 드립니다. 본서의 무단복제행위를 금합니다.

정 가 9,000원

박영스토리는 박영사와 함께하는 브랜드입니다.